시즈의
일본어
명문장

따라 쓰면 예뻐지는 힐링 손글씨

시즈의 일본어 명문장

초판 인쇄 2020년 7월 1일 | 초판 발행 2020년 7월 15일 | 손글씨 시즈(김연진) | 발행인 김태웅 | 기획 편집 이선민 | 디자인 정혜미, 남은혜
마케팅 총괄 나재승 | 제작 현대순 | 발행처 (주)동양북스 | 등록 제2014-000055호 | 주소 서울시 마포구 동교로22길 14 (04030)
구입 문의 | 전화 (02)337-1737 팩스 (02)334-6624
내용 문의 | 전화 (02)337-1762 dybooks2@gmail.com

ISBN 979-11-5768-635-3 13730

© 김연진, 2020

이 도서의 국립중앙도서관 출판예정도서목록(CIP)은 서지정보유통지원시스템 홈페이지(http://seoji.go.kr)와
국가자료공동목록시스템(http://www.nl.go.kr/kolisnet)에서 이용하실 수 있습니다.
(CIP제어번호:CIP2020026140)

따라 쓰면 예뻐지는 힐링 손글씨

시즈의
일본어
명문장

손글씨 **김연진**

차례

＊ 필사를 시작하며   5
＊ '시즈의 일본어 명문장' 활용법   6

우리가 좋아했던 꽃보다 명문장   11

#명대사 #드라마 #애니 #영화

도망치는 건 부끄럽지만 도움이 되는 명문장   43

#용기 #희망 #도전 #위로

지금 만나러 갑니다 사랑의 명문장   75

#고백 #사랑 #연인 #우정

이 곳은 리틀 포레스트 힐링의 명문장   107

#계절 #하이쿠 #백인일수 #세로쓰기

여러분은 글씨 쓰기를 좋아하시나요? 저는 글씨 쓰기가 취미랍니다. 마음에 드는 펜을 들고 하얀 종이에 사각사각 예쁜 글씨를 채워가다 보면 마음도 차분해지고 잡생각도 사라져 글씨 쓰는 시간을 참 좋아해요.

일본어 공부를 시작한 후로는 자연스럽게 일본어 손글씨에도 관심을 두게 되었는데요. 일본어 문장을 예쁜 손글씨로 써보고 싶어서 공부는 뒷전이고 글씨 연습만 쉼 없이 하던 때도 있었어요. 그런데 일본어 글씨 연습을 하기 위해서는 반드시 일본어 문장이나 일본어 글을 보면서 써야 하잖아요? 예쁜 일본어 글씨체를 갖기 위해 수많은 일본어 문장을 써야 했고, 그러다 보니 차츰차츰 한자와도 친해졌고, 자연스럽게 단어나 표현도 외워지는 등 알게 모르게 일본어 실력 향상에 많은 도움이 되었다는 걸 나중에 깨달았어요. 처음에는 단순히 예쁜 글씨를 갖기 위해 일본어 문장을 썼지만, 지금은 일본어 공부를 위해서라도 틈나는 대로 일본어 베껴 쓰기를 하고 있지요.

예쁜 일본어 글씨체와의 만남을 계기로 일본어 손글씨에 관심이 생겼고, 그 관심이 글씨 연습으로 이어졌고, 글씨 연습을 통해 일본어 실력까지 향상된 것을 몸소 느끼며, 저 또한 저와 비슷한 취향을 가진 누군가에게 예쁜 일본어 글씨체와의 만남을 주선하고 싶었답니다. 그래서 그동안 열심히 갈고 닦은 제 손글씨를 블로그에 공유하기 시작했고, 감사하게도 많은 분이 좋아해 주신 덕분에 첫 번째 손글씨 책에 이어 두 번째 손글씨 책까지 탄생하게 되었습니다.

'나도 글씨 쓰기를 좋아해서 손으로 일본어를 쓰며 공부하고 싶은데 무엇을 써야 할지 모르겠다!'

'또박또박 귀여운 손글씨체로 일본어를 쓰고 싶은데 어떻게 써야 할지 모르겠다!'

그렇다면 이 책으로 연습해 보세요. 일본어 손글씨가 손에 익지 않은 학습자도 부담 없이 시작할 수 있도록 짧은 문장부터 긴 문장까지 단계적으로 구성했습니다. 가슴이 따뜻해지는 문장을 손으로 사각사각 쓰다 보면 어느새 일본어 손글씨와 친해질 수 있을 거예요.

베껴 쓰기를 통해 예쁜 글씨체 뿐만 아니라
일본어 실력도 쑥쑥 키우고 싶다면 지켜주세요!

손으로 쓰기 전, 문장을 눈으로 읽고 의미를 파악해 두세요.

<시즈의 일본어 명문장>에선 우리에게 익숙한 명문장부터 희망, 우정, 사랑 그리고 계절감을 나타내는 하이쿠와 백인일수까지 주제별로 나누어진 다양한 문장을 만나 볼 수 있습니다.

자신이 따라 쓰고 싶은 명문장 파트를 골라 손글씨를 따라 쓰고, 아직 문장을 해석할 수 있는 레벨이 아니라면 손으로 쓰기 전에 미리 문장의 의미를 숙지해 놓는 것이 좋습니다. 의미를 알고 써야 눈에도 더 잘 들어오고 좋은 문장의 의미가 머릿속에 오래 남기 때문입니다.

회색 음영에 글씨를 따라 쓰며 글씨의 모양을 유심히 살펴보세요.

　책에 인쇄된 회색 음영 위에 글씨를 따라 쓸 때는 큰 노력 없이 샘플과 똑같은 글씨를 쓸 수 있기 때문에, 자칫 아무 생각 없이 손만 움직이게 되는 경향이 있는데요. 손만 움직여서는 글씨체 교정에 도움이 되지 않는답니다! 본인의 글씨체와 어떤 부분이 어떻게 다른지 유심히 관찰하고 모양에 집중하여 글씨를 써야 해요. 꼭 음영과 똑같은 모양으로 쓸 필요는 없습니다! '이 부분은 내 방식대로 쓰고 싶다' 하는 부분이 있다면 음영을 무시하고 본인의 글씨체로 써 보세요. 이런 식으로 세밀하게 교정을 해나가다 보면 언젠가 나만의 글씨체가 탄생할 거예요.

반드시 백지에 자신의 글씨로 쓰는 연습을 하세요.

회색 음영 위에 따라 쓰는 연습을 통해 '새로운 글씨체'와 처음 만났다면, 이후로는 새로운 글씨체와 더더욱 가까워지기 위해 신나는 데이트를 해야겠죠? 음영 없는 백지 위에 온전히 본인의 힘으로 글씨를 쓰는 연습이 바로 데이트 과정입니다. 처음에는 새로운 글씨체가 아직 익숙하지 않아 생각처럼 예쁘게 써지지 않을 때도 있고, 자꾸만 원래의 필체가 고개를 내밀기도 할 거예요. 끈기를 갖고 반복, 반복, 반복해서 연습하는 것이 중요합니다.

문장을 베껴 쓸 때는 적당한 길이로 외워서 쓰세요.

　짧은 문장부터 시작하여 긴 문장, 세로쓰기로 나아가는 단계를 따라가며 연습해요. 분명 문장을 쓰고 있는데 한 글자 쓰고 문장 보고, 한 글자 쓰고 문장 보고... 이런 식으로 글자를 하나하나 끊어서 쓰고 계시지는 않나요? 일본어 문장과 친해지기 위해서는 문장을 최대한 길게 외워서 쓰는 것이 좋습니다. 문장 하나를 통째로 다 외워서 쭉 이어 쓸 수 있다면 물론 좋겠지만, 문장이 너무 길거나 한자가 많아서 외우기 힘든 경우도 있죠. 그럴 땐 최소한의 단어 단위로 끊어서 외워 쓰는 게 좋습니다. 예를 들어 '今日はいい天気ですね'라는 문장을 쓴다면 今日は/いい/天気ですね 이런 식으로 끊어 외우는 것이죠. 처음에는 끊는 부분이 많겠지만 연습을 통해 일본어 문장과 한자에 익숙해지면 점점 길게 외워서 쓸 수 있게 될 거예요. 일본어 손글씨와 함께 일본어 공부도 즐겁게 하시길 바랍니다.

우리가 좋아했던 꽃보다 명문장

#명대사 #드라마 #애니 #영화

未来で待ってる。

미래에서 기다릴게.

未来で待ってる。

未来(みらい) 미래 | 待(ま)つ 기다리다

お元気ですか。私は元気です。

잘 지내시나요? 전 잘 지내요.

お元気ですか。私は元気です。

さあ行きな、振り向かないで。

자 어서 가렴, 뒤돌아보지 말고.

さあ行きな、振り向かないで。

振(ふ)り向(む)く (뒤)돌아보다

君は僕の世界の全てだった。

너는 내 세계의 전부였어.

君は僕の世界の全てだった。

世界(せかい) 세상 | 全(すべ)て 전부

夢にきらめけ、明日にときめけ。

꿈에 빛나고, 내일에 설레라.

夢にきらめけ、明日にときめけ。

夢(ゆめ) 꿈 | きらめく 빛나다 | ときめく 설레다

怖がるな。私はそなたの味方だ。

무서워하지마. 나는 그대의 편이야.

怖がるな。私はそなたの味方だ。

怖(こわ)い 무섭다 | そなた 그대 | 味方(みかた) 아군

走れ跳べ！ここに居たければ"!!!

달려 그리고 뛰어! 여기에 있고 싶으면!!!

✎ 走れ跳べ！ここに居たければ"!!!

走(はし)る 달리다 | 跳(と)ぶ 뛰다 | 居(い)る 있다

実に面白い。

정말 흥미롭군.

✎ 実に面白い。

実(じつ)に 정말 | 面白(おもしろ)い 흥미롭다

また二人でタイムカプセル作ろう。

또 둘이서 타임캡슐 만들자.

また二人でタイムカプセル作ろう。

タイムカプセル 타임캡슐 | 作(つく)る 만들다

神は乗り越えられる試練しか与えない。

신은 극복할 수 있는 시련밖에 주지 않는다.

神は乗り越えられる試練しか与えない。

乗(の)り越(こ)える 극복하다 | 試練(しれん) 시련 | 与(あた)える 주다

何も捨てない人は、何も変えられないんだ。

아무 것도 버리지 않는 사람은, 아무 것도 바꿀 수 없어.

何も捨てない人は、何も変えられないんだ。

捨(す)てる 버리다 | 変(か)える 바꾸다

運命なんて、誰かが決めるもんじゃない。

운명은, 누군가가 정하는 게 아니야.

運命なんて、誰かが決めるもんじゃない。

運命(うんめい) 운명 | (だれ)か 누군가 | 決(き)める 정하다

何を食うかじゃなくて、
大事なのは誰と食うかだろう。

무엇을 먹을지가 아니라,
중요한 건 누구와 먹을지 잖아.

何を食うかじゃなくて、
大事なのは誰と食うかだろう。

食(く)う 먹다 | 大事(だいじ)だ 중요하다

スキなものとキライなものは、
仲良くできないんだろうか。

좋아하는 것과 싫어하는 것은,
사이가 좋아질 순 없는 걸까?

スキなものとキライなものは、
仲良くできないんだろうか。

仲(なか)が良(よ)い 사이가 좋다

未来と過去、行けるなら
どっちに行きたい?

미래와 과거, 갈 수 있다면
어디로 가고 싶어?

未来と過去、行けるなら
どっちに行きたい?

未来(みらい) 미래 | 過去(かこ) 과거

人は、いつ死ぬと思う?
人に、忘れられた時さ!

사람은 언제 죽는다고 생각해?
사람에게 잊혔을 때야!

人は、いつ死ぬと思う?
人に、忘れられた時さ!

死(し)ぬ 죽다 | 忘(わす)れる 잊다

忘れたくない人。
誰だ、誰だ、名前は！

잊고 싶지 않은 사람.
누구지, 누구야 이름은!

忘れたくない人。
誰だ、誰だ、名前は！

忘(わす)れる 잊다 | 名前(なまえ) 이름

今日、頑張ったやつにだけ
朝が来るんだ。

오늘 열심히 한 녀석에게만
아침이 오는 거야.

今日、頑張ったやつにだけ
朝が来るんだ。

頑張(がんば)る 참고 계속 노력하다 | 朝(あさ) 아침

この瞬間の想い、幸せを迷うことなく、
受け止めていけたらと思う。

이 순간의 마음, 행복을 망설임 없이,
받아 들여가면 좋을 것 같아.

この瞬間の想い、幸せを迷うことなく、
受け止めていけたらと思う。

瞬間(しゅんかん) 순간 | 想(おも)い 마음 | 受(う)け止(と)める 받아들이다

人の気持ちを全部理解しようとする方が
無理なんじゃないの?

사람 마음을 전부 이해하려고 하는 게
무리인 거 아니야?

人の気持ちを全部理解しようとする方が
無理なんじゃないの?

気持(きも)ち 마음 | 理解(りかい) 이해

目が前向きについているのは
なぜだと思う？
前へ前へ
進むためだ。

눈이 정면에 있는 건
왜라고 생각해?
앞으로 앞으로
나아가기 위해서야.

目(め) 눈 | 前向(まえむ)き 정면 | 進(すす)む 나아가다

目が前向きについているのは
なぜだと思う?
前へ前へ
進むためだ。

映画やドラマは、
思いがかなって終わりだけど、
現実は思いがかなってからが、
大変なんだから。

영화나 드라마는,
꿈이 이루어지고 끝이지만,
현실은 꿈이 이루어진 후부터,
힘들어지니까.

映画(えいが) 영화 | 終(お)わる끝나다 | 現実(げんしつ) 현실 | かなう 이루어지다

"映画やドラマは、
思いがかなって終わりだけど"、
現実は思いがかなってからが、
大変なんだから。

今、目の前にあることを、
一生懸命やってれば゛、
いつか高いところに辿りつける。
自分の可能性、信じよう！

지금 눈앞에 있는 것을,
열심히 한다면,
언젠가 높은 곳에 도달할 수 있어.
자신의 가능성, 믿어보자!

一生懸命(いっしょうけんめい) 열심히 | 辿(たど)りつける 도착하다 | 可能性(かのうせい) 가능성

〝今、目の前にあることを、
一生懸命やってれば、
いつか高いところに辿りつける。
自分の可能性、信じよう！

不可能な物を除外していって
残った物がたとえどんなに
信じられなくても
それだけが真相なんだ。

불가능한 것을 제외하고
남은 것이 설령 아무리
믿을 수 없더라도
그것만이 진실이야.

不可能(ふかのう) 불가능 | 除外(じょがい) 제외 | 残(のこ)る 남다 | 真相(しんそう) 신상

不可能な物を除外していって
残った物がたとえどんなに
信じられなくても
それだけが真相なんだ。

未来は一瞬一瞬変わっていく
だから先のことを悩むより
今を一生懸命いきれば
きっといいことあるさ。

미래는 매 순간 바뀌어가
그러니까 앞날을 걱정하기보다
지금을 열심히 살아가면
분명 좋은 일이 있을 거야.

一瞬(いっしゅん) 일순, 순간 | 変(か)わる 변하다 | 悩(なや)む 고민하다

未来は一瞬一瞬変わっていく
だから先のことを悩むより
今を一生懸命いきれば
きっといいことあるさ。

何を焦っているのか
知らないけれど
人間は無茶したって強くはならない
まずは自分を知ることだよ。

무엇에 초조해하고 있는지는
모르겠지만
사람은 무리한다고 해서 강해지지는 않아.
우선은 자신을 아는 거야,

無茶(むちゃ) 지나치게 ~하다 | 強(つよ)い 강하다 | 知(し)る 알다

32

何を焦っているのか
知らないけれど
人間は無茶したって強くはならない
まずは自分を知ることだよ。

無理に走らない、
焦らない、
頑張らない。
自然に身をゆだねるんだ。

무리하게 뛰지 않고,
초조해 하지 않고,
열심히 하지 않기.
자연스럽게 몸을 맡기는 거야.

無理(むり) 무리 | 自然(しぜん)に 자연스럽게 | ゆだねる 맡기다

無理に走らない、
焦らない、
頑張らない。
自然に身をゆだねるんだ。 ♫

落ちたからといって、
受かったからといって、
明るい未来があるわけでもない。
あなたはまだ、スタート地点に
立ったばかりです。

떨어졌다고 해서,
붙었다고 해서,
밝은 미래가 있는 것도 아니야.
당신은 아직, 막 출발 지점에
섰을 뿐입니다.

落(お)ちる 떨어지다 | 受(う)かる 합격되다 | 未来(みらい) 미래 | 地点(ちてん) 지점

落ちたからといって、
受かったからといって、
明るい未来があるわけでもない。
あなたはまだ、スタート地点に
立ったばかりです。

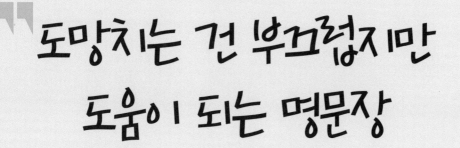

도망치는 건 부끄럽지만
도움이 되는 명문장

#용기 #희망 #도전 #위로

友情は人生の酒である。

우정은 인생의 술이다.

〃友情は人生の酒である。

友情(ゆうじょう) 우정 | 人生(じんせい) 인생

努力は自分を裏切らない。

노력은 자신을 배신하지 않아.

〃努力は自分を裏切らない。

努力(どりょく) 노력 | 裏切(うらぎ)る 배신하다

しんどい時こそ頑張ることが大事。

힘이 들수록 열심히 하는 게 중요해.

しんどい時こそ頑張ることが大事。

しんどい 힘들다 | 大事(だいじ) 중요

奇跡の扉を探しつづけるんだよ。

기적의 문을 계속 찾아가는 거야.

奇跡の扉を探しつづけるんだよ。

奇跡(きせき) 기적 | 扉(とびら) 문 | 探(さが)す 찾다

夢は逃げない。逃げるのは自分だ。

꿈은 도망가지 않는다. 도망치는 건 자신이다.

"夢は逃げない。逃げるのは自分だ。

夢(ゆめ) 꿈 | 逃(に)げる 도망가다

いいことも悪いことも全部含めて、'友達'なんだ。

좋은 것도 나쁜 것도 전부 포함해서, '친구'인거야

"いいことも悪いことも全部含めて、'友達'なんだ。

悪(わる)い 나쁘다 | 全部(ぜんぶ) 전부 | 含(ふく)める 포함하다

成功するには、成功するまで決して諦めない。

성공하기 위해서는 성공할 때까지 결코 포기하지 않는다.

成功するには、成功するまで決して諦めない。

成功(せいこう) 성공 | 諦(あきら)める 포기하다

障害があったら、乗り越えればいい。

방해물이 있으면 극복하면 된다.

障害があったら、乗り越えればいい。

障害(しょうがい) 방해, 방해물 | 乗(の)り越(こ)える 극복하다

わからないんじゃないのよ。
わかるまで時間がかかるの。

모르는 게 아니야.
알기까지 시간이 걸리는 거야

わからないんじゃないのよ。
わかるまで時間がかかるの。

時間(じかん) 시간 | かかる 걸리다

後でこまるんだったら、
後でこまればいいじゃねえか。

나중이 곤란한거라면,
나중에 곤란하면 되는 일 아닌가?

後でこまるんだったら、
後でこまればいいじゃねえか。

後(あと) 나중에 | こまる 곤란하다

青春とは人生のある期間ではなく、心の持ち方を言う。

청춘이란 인생의 한 시기가 아니라,
마음가짐을 말하는 것이다.

青春とは人生のある期間ではなく、
心の持ち方を言う。

青春(せいしゅん) 청춘 | 持(も)ち方(かた) 상태

何かを失うことは、何かを得ることだって、わかる？

무언갈 잃는다는 것은,
무언갈 얻는 거라는걸, 아니?

何かを失うことは、
何かを得ることだって、わかる？

失(うしな)う 잃다 | 得(え)る 얻다

失敗したことのない人間というのは
挑戦をしたことのない人間である。

실패한 적이 없는 사람이란
도전해 본 적 없는 사람을 말한다.

失敗したことのない人間というのは
挑戦をしたことのない人間である。

失敗(しっぱい) 실패 | 挑戦(ちょうせん) 도전

自分の幸せが何かわからない人間が
人を幸せにできると思うか?

자신의 행복이 뭔지 모르는 사람이
다른 사람을 행복하게 할 수 있다고 생각하는 거야?

自分の幸せが何かわからない人間が
人を幸せにできると思うか?

幸(しあわ)せ 행복

成功して満足するのではない。
満足していたから、成功したのである。

성공해서 만족하는 것이 아니다.
만족했으니까 성공한 것이다.

成功して満足するのではない。
満足していたから、成功したのである。

成功して満足するのではない。
満足していたから、成功したのである。

成功(せいこう) 성공 | 満足(まんぞく) 만족

夢や目標を達成するにはひとつしか方法がない。
小さなことを積み重ねること。

꿈이나 목표를 달성하는 데에는 한가지 방법 밖에 없다.
작은 것을 쌓아가는 것.

夢や目標を達成するにはひとつしか方法がない。
小さなことを積み重ねること。

目標(もくひょう) 목표 | 達成(たっせい) 달성 | 積(つ)み重(かさ)ねる 겹겹이 쌓다

誰かの悪口をそのまま信じることは、
その悪口を言ったものと同じくいけないことですよ。

누군가의 험담을 그대로 믿는 것은,
그 험담을 말한 사람과 마찬가지로 나쁜 일이에요.

誰かの悪口をそのまま信じることは、
その悪口を言ったものと同じくいけないことですよ。

悪口(わるくち) 욕 | 信(しん)じる 믿다

本当に欲しいものは、ひとつしか
手に入んないのよ。欲張っちゃダメよ。

정말로 가지고 싶은 건 한 개밖에
손에 들어오지 않는거야. 욕심내면 안 돼.

本当に欲しいものは、ひとつしか
手に入んないのよ。欲張っちゃダメよ。

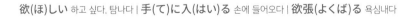

欲(ほ)しい 하고 싶다, 탐나다 | 手(て)に入(はい)る 손에 들어오다 | 欲張(よくば)る 욕심내다

失敗とは転ぶことではなく、
そのまま起き上がらないことなのです。

실패란 넘어지는 것이 아니고,
그대로 일어나지 않는 것입니다.

失敗とは転ぶことではなく、
そのまま起き上がらないことなのです。

転(ころ)ぶ 구르다 | **失敗(しっぱい)** 실패 | **起(お)き上(あ)がる** 다시 일어나다

今日の成果は、過去の努力の結果であり、
未来はこれからの努力で決まる。

오늘의 성과는 과거 노력의 결과이며,
미래는 지금부터의 노력으로 정해진다.

今日の成果は、過去の努力の結果であり、
未来はこれからの努力で決まる。

成果(せいか) 성과 | **結果(けっか)** 결과 | **過去(かこ)** 과거

自分の力なんて
限りがある
だから人に頼る
それでいいんじゃないかなぁ。

스스로의 힘은
한계가 있어
그러니까 남에게 의지하는거야
그걸로 괜찮지 않을까?

限(かぎ)り 한계 | 頼(たよ)る 의지하다

自分の力なんて
限りがある
だから人に頼る
それでいいんじゃないかなぁ。

お前が死にたいと言った今日は、
昨日死んだ人が
死ぬほど生きたかった
一日なんだ。

네가 죽고 싶다고 말한 오늘은,
어제 죽은 사람이
죽을 만큼 살고 싶었던
하루야.

死(し)ぬ 죽다 | 生(い)きる 살다 | 一日(いちにち) 하루

お前が死にたいと言った今日は、
昨日死んだ人が
死ぬほど生きたかった
一日なんだ。

傷付くことがそんなに怖い？
傷付くことを恐れるよりも
変化できない自分を
恐れるべきだね。

상처받는 게 그렇게 두려워?
상처받는 걸 두려워하기보다는
변화지 않는 자신을
걱정해야 해.

傷(きず)付(つ)く 상처를 입다 | 恐(おそ)れる 두려워하다 | 変化(へんか) 변화

〝傷付くことがそんなに怖い？
　傷付くことを恐れるよりも
　変化できない自分を
　恐れるべきだね。

友人とは、
あなたについて
すべてのことを知っていて、
それにもかかわらず゛
あなたを好んでいる人のことである。

친구란,
당신에 대해
모든 것을 알고 있고,
그럼에도 불구하고
당신을 좋아해주는 사람이다.

友人(ゆうじん) 친구 | 好(この)む 좋아하다

友人とは、
あなたについて
すべてのことを知っていて、
それにもかかわらず
あなたを好んでいる人のことである。

あなたの友人が
あなたを裏切るようなことをしたからといって、
あなたは友人の悪口を
人に語ってはならぬ。
長い間の友情がゼロになるから。

당신의 친구가
당신을 배신했다고 해서,
당신은 친구의 험담을
남에게 해서는 안 된다.
오랜 시간의 우정이 제로가 되니까.

裏切(うらぎ)る 배신하다 | 語(かた)る 말하다 | 友情(ゆうじょう) 우정

あなたの友人が
あなたを裏切るようなことをしたからといって、
あなたは友人の悪口を
人に語ってはならぬ。
長い間の友情がゼロになるから。

逃げたっていいじゃないですか。
ハンガリーにこういうことわざがあります。
「逃げるのは恥。だけど役に立つ。」
後ろ向きな選択だっていいじゃないか。

도망쳐도 괜찮지 않나요?
헝가리에는 이런 속담이 있습니다.
'도망치는 건 부끄럽지만 도움이 된다.'
소극적인 선택이어도 좋지 않을까요?

逃(に)げる 도망치다 ｜ 後(うし)ろ向(む)き 소극적 ｜ 選択(せんたく) 선택 ｜ 恥(はじ) 부끄러움

逃げたっていいじゃないですか。
ハンガリーにこういうことわざがあります。
「逃げるのは恥。だけど役に立つ。」
後ろ向きな選択だっていいじゃないか。

常に自分の中に答えを求めなさい。
周りの人や、周りの意見や、
周りの言葉に
まどわされてはいけません。

항상 스스로 답을 찾아가세요.
주변 사람이나 주변 의견에,
주변의 말에
휘둘려서는 안 됩니다.

 常(つね)に 항상 | 求(もと)める 구하다 | 周(まわ)り 주변 | 言葉(ことば) 말 | 意見(いけん) 의견

常に自分の中に答えを求めなさい。
周りの人や、周りの意見や、
周りの言葉に
まどわされてはいけません。

心が変われば、態度が変わる。
態度が変われば、習慣が変わる。
習慣が変われば、人格が変わる。
人格が変われば、運命が変わる。

마음이 바뀌면 태도가 바뀐다.
태도가 바뀌면 습관이 바뀐다.
습관이 바뀌면 인격이 바뀐다.
인격이 바뀌면 운명이 바뀐다.

態度(たいど) 태도 | 習慣(しゅうかん) 습관 | 人格(じんかく) 인격 | 運命(うんめい) 운명

心が変われば、態度が変わる。

態度が変われば、習慣が変わる。

習慣が変われば、人格が変わる。

人格が変われば、運命が変わる。

지금 만나러 갑니다
사랑의 명문장

#고백 #사랑 #연인 #우정

忘れられない人がいる。

잊을 수 없는 사람이 있다.

忘れられない人がいる。

忘(わす)れる 잊다

愛してくれてありがとう。

사랑해줘서 고마워.

愛してくれてありがとう。

愛(あい) 사랑 | ~てくれる ~해주다

あなたの隣は居心地がよかったです。

당신의 곁은 편안했어요.

あなたの隣は居心地がよかったです。

隣(となり) 곁 | 居心地(いごこち)がよい (있기에) 편하다

愛されたいなら、愛し、愛らしくあれ。

사랑받고 싶으면, 사랑하고, 사랑답게 굴어라.

愛されたいなら、愛し、愛らしくあれ。

尊敬ということがなければ、真の恋愛は成立しない。

존경이란 것이 없으면, 진정한 연애는 성립되지 않는다.

尊敬ということがなければ、真の恋愛は成立しない。

尊敬(そんけい) 존경 | 恋愛(れんあい) 연애 | 成立(せいりつ) 성립

私も君も、一日の価値は一緒だよ。

나도 너도, 하루의 가치는 같아.

私も君も、一日の価値は一緒だよ。

価値(かち) 가치

人の居場所なんてね、誰かの胸の中にしかないのよ。

사람의 안식처는 말이야, 누군가의 마음 속 밖에 없어.

人の居場所なんてね、誰かの胸の中にしかないのよ。

居場所(いばしょ) 있는 곳, 거처 | 胸(むね) 마음

お前が世界のどこにいても必ず会いに行く。

네가 세상 어디에 있어도 반드시 만나러 갈게.

お前が世界のどこにいても必ず会いに行く。

世界(せかい) 세계 | 必(かなら)ず 반드시

50年後のキミを今と変わらず"愛している。

50년 후의 당신을 지금처럼 변함없이 사랑하고 있을거야.

"50年後のキミを今と変わらず"愛している。

キミ 당신 | 贈(おく)り物(もの) 선물 | 変(か)わらず 변함없이

私達は自分の意思で出会ったんだよ。

우리는 각자 자신의 의지에 따라 만난거야.

"最初の贈り物は君が生まれてきてくれたことだ。

意思(いし) 의지 | 出会(であ)う 만나다

最初の贈り物は
君が生まれてきてくれたことだ。

첫 번째 선물은
네가 태어나 준 것이란다.

最初の贈り物は
君が生まれてきてくれたことだ。

最初(さいしょ) 처음 | 生(う)まれる 태어나다

一度あったことは忘れないもんさ。
思い出せないだけで。

한 번 만난 건 잊지 못해.
단지 기억해내지 못할 뿐이지.

一度あったことは忘れないもんさ。
思い出せないだけで。

思(おも)い出(だ)す 생각해내다

となりにいられるだけでいい。
それだけでちょっと幸せ。

옆에 있는 것만으로도 좋아.
그것만으로도 행복해.

となりにいられるだけでいい。
それだけでちょっと幸せ。

となり 옆

自分の気持ちにうそをついた時点で、
愛は負けたのと同然なんですよ。

자신의 감정에 거짓말을 한 시점부터,
사랑은 진 것이나 다름없어요.

自分の気持ちにうそをついた時点で、
愛は負けたのと同然なんですよ。

時点(じてん) 시점 | 負(ま)ける 지다 | 同然(どうぜん) 당연

幸せにしてもらおうなんて思ってない。
幸せかどうかは、あたしが決めることだから。

누군가가 행복하게 해줄 거라고 생각 안 해.
행복한지 어떤지는, 내가 정하는 것이니까.

幸せにしてもらおうなんて思ってない。
幸せかどうかは、あたしが決めることだから。

決(き)める 정하다

一度愛されてしまえば"愛してしまえば"
もう忘れるなど、できないんだ。

한번 사랑받고 사랑해버리면
이제 잊는 것, 따위 할 수 없어.

一度愛されてしまえば"愛してしまえば"
もう忘れるなど、できないんだ。

忘(わす)れる 잊다

人の気持ちなんてわかんないから、
きょうきらいでも明日は好きになってるかもね。

사람 마음 같은 거 잘 모르니까,
오늘은 싫어도 내일은 좋아하고 있을지도 몰라.

人の気持ちなんてわかんないから、
きょうきらいでも明日は好きになってるかもね。

明日(あした) 내일

愛とは見つめあうものではなく、
お互いが同じ方向を見つめること。

사랑이란 서로를 바라보는 게 아니라,
서로가 같은 방향을 바라보는 것.

愛とは見つめあうものではなく、
お互いが同じ方向を見つめること。

見(み)つめあう 서로 바라보다 | 方向(ほうこう) 방향

一緒に泣いた時に、はじめてお互いが
どんなに愛し合っているのかが分かるものだ。

함께 울 때, 처음으로 서로가
얼마나 사랑하고 있는지를 알 수 있는 법이다.

一緒に泣いた時に、はじめてお互いが
どんなに愛し合っているのかが分かるものだ。

お互(たが)い 서로 | 愛(あい)し合(あ)う 서로 사랑하다

もし君が人に愛されようと思うなら、
まず"君が人を愛さなければ"ならない。

만약 네가 다른 사람에게 사랑받으려고 한다면,
우선 네가 사랑하지 않으면 안 된다.

もし君が人に愛されようと思うなら、
まず"君が人を愛さなければ"ならない。

君(きみ) 너 | 愛(あい)される 사랑받다

85

愛することによって
失うものは何もない。
しかし、愛することを怖がっていたら、
何も得られない。

사랑함으로써
잃는 것은 아무것도 없다.
하지만 사랑하는 것을 무서워한다면,
아무것도 얻을 수 없다.

失(うしな)う 잃다 | 怖(こわ)がる 무서워하다 | 得(え)る 얻다

愛することによって
失うものは何もない。
しかし、愛することを怖がっていたら、
何も得られない。

いつまで一緒にいられるか
分からないということを
しっかり心にとめて
お互いを大切にしよう。

언제까지 함께 있을 수 있을지
모른다는 것을
확실히 마음에 담아두고
서로를 소중히 하자.

心(こころ)にとめる 마음에 두다 | お互(たが)い 서로

〆いつまで一緒にいられるか
　分からないということを
　しっかり心にとめて
　お互いを大切にしよう。

私は何度生まれ変わっても
必ず同じ道を選びます。
私の幸せはあなたと生きること。

나는 몇 번 다시 태어나도
반드시 같은 길을 선택합니다.
나의 행복은 당신과 사는 것.

生(う)まれ変(か)わる 다시 태어나다 | 選(えら)ぶ 고르다 | 必(かなら)ず 반드시

私は何度生まれ変わっても
必ず同じ道を選びます。
私の幸せはあなたと生きること。

相手を受け入れることで、
自然に自分が成長する。
人が人を好きになるっていうことは
そういうことだと思ってる。

상대를 받아들이는 것으로,
극히 자연스럽게 스스로가 성장한다.
사람이 사람을 좋아하게 된다는 것은
그런 것이라고 생각한다.

受(う)け入(い)れる 받아들이다 | 成長(せいちょう) 성장 | 好(す)きだ 좋아하다

相手を受け入れることで、
自然に自分が成長する。
人が人を好きになるっていうことは
そういうことだと思ってる。

理想の相手と出会うのも、
結局はたまたまなんじゃないかなって
そういう偶然の出会いをどれだけ
大事にできるかっていうことだと
思うんですよ。

이상형을 만나는 것도,
결국엔 우연이 아닐까 해
그런 우연한 만남을 얼마만큼
소중하게 여기는 지라고
생각해요.

理想(りそう) 이상 | 結局(けっきょく) 결국 | 偶然(ぐうぜん) 우연

理想の相手と出会うのも、
結局はたまたまなんじゃないかなって
そういう偶然の出会いをどれだけ
大事にできるかっていうことだと
思うんですよ。

あなたとのたくさんの思い出が、
私の人生を輝かせてくれた。
傍にいてくれてありがとう。
忘れないよ。
あなたと過ごした大切な時間。

당신과의 많은 추억이,
내 인생을 빛나게 해주었어.
곁에 있어줘서 고마워.
잊지 않을거야.
당신과 지낸 소중한 시간들.

輝(かがや)く 빛나다 | 傍(そば) 곁 | 過(す)ごす 지내다

あなたとのたくさんの思い出が、
私の人生を輝かせてくれた。
傍にいてくれてありがとう。
忘れないよ。
あなたと過ごした大切な時間。

人生で一番楽しい瞬間は、
誰にも分からない二人だけの言葉で、
誰にも分からない二人だけの
秘密や楽しみを、
ともに語り合っている時である。

인생에서 가장 즐거운 순간은,
아무도 모르는 두 사람 만의 말로,
아무도 모르는 두 사람만의
비밀이나 즐거움을,
서로 얘기하고 있을 때다.

瞬間(しゅんかん) 순간 | 秘密(ひみつ) 비밀 | 語(かた)り合(あ)う 서로 말하다

人生で一番楽しい瞬間は、
誰にも分からない二人だけの言葉で、
誰にも分からない二人だけの
秘密や楽しみを、
ともに語り合っている時である。

事情が変われば゛
己も変わるような愛、
相手が心を移せば゛
己も心を移そうとする愛、
そんな愛は愛ではない。

사정이 바뀌면
스스로도 바뀌는 사랑,
상대의 마음이 바뀌면
자신의 마음도 움직이려 하는 사랑,
그런 사랑은 사랑이 아니다.

事情(じじょう) 이유, 사정 | **己(おのれ)** 자기 자신 | **移(うつ)す** 옮기다

〝事情が変われば
己も変わるような愛、
相手が心を移せば
己も心を移そうとする愛、
そんな愛は愛ではない。

〟

이 곳은 리틀 포레스트 힐링의 명문장

#계절 #하이쿠 #백인일수 #세로쓰기

하이쿠(俳句) 계절을 나타내는 단어가 들어가며 총 17글자로 써야 하는 짧은 시를 말해요!

백인일수(百人一首) 옛날 100명의 가인의 노래 중 뛰어난 것을 한 수씩 골라 만든 일본 고전 가집으로 애니메이션 〈치하야후루〉에 나오는 일본 놀이 문화인 '가루타'에 사용된답니다.

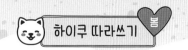

따라읽기   원문

梅一輪
一輪ほどの暖かさ

うめいちりん
いちりんほどのあたたかさ

매화 한 송이
한 송이 만큼의 따뜻함

梅(うめ) 매화 | 一輪(いちりん) 한 송이 | 暖(あたた)かさ 따뜻함

梅一輪
一輪ほどの暖かさ

うめいちりん
いちりんほどのあたたかさ

春の海
ひねもすのたりのたりかな

はるのうみ
ひねもすのたりのたりかな

봄의 바닷물이
종일토록 굽이쳐 너울거리는구나

春(はる)の海(うみ) 봄의 바다 | ひねもす 하루 종일 | のたりのたり 너울너울

春の海

ひねもすのたりのたりかな

はるのうみ

ひねもすのたりのたりかな

따라읽기　　　　원문

花ぞ昔の香に匂ひける　　人はいさ心も知らず"ふるさとは

はなぞむかしのかににほひける　　ひとはいさこころもしらず"ふるさとは

매화 향은 예전과 다름없네요.

사람 속마음 도저히 알 수 없지만 전에 살았던 마을의

いさ 글세, 어떨지 | ふるさと 고향 | 花(はな) 매화 꽃 | 香(か) 향기

114

人はいさ心も知らずふるさとは

花ぞ昔の香に匂ひける

ひとはいさこころもしらずふるさとは

はなぞむかしのかににほひける

もろともにあはれと思へ山桜
花よりほかに知る人もなし

もろともにあはれとおもへやまざくら
はなよりほかにしるひともなし

내가 너를 그리워하듯 너도 함께 그리워해주오 산벚나무여
꽃 말곤 그 누구도 내 마음 모를 테니

もろともに 함께 | あはれ 그리움 | 山桜(やまざくら) 산벚나무

116

もろともにあはれと思へ山桜

花よりほかに知る人もなし

もろともにあはれとおもへやまざくら

はなよりほかにしるひともなし

따라읽기　　　　　원문

夏川をこすうれしさよ

手にぞうり

なつかわをこすうれしさよ

てにぞうり

여름의 강을 넘어가는 기쁨이여

손에는 짚신을 들고

夏川(なつかわ) 여름 강 | こす 건너다 | ぞうり (일본 짚신) 조리

夏川をこすうれしさよ

手にぞうり

なつかわをこすうれしさよ

てにぞうり

散れば咲き
散れば咲きして百日紅

ちれば咲き
ちれば咲き
ちれば咲きしてさるすべり

지면 피고
또 지면 피는 백일홍

散(ち)る (꽃잎이) 떨어지다 | 咲(さ)く (꽃이) 피다 | さるすべり 백일홍

散れば咲き

散れば咲きして百日紅

ちれば さき

ちればさきしてさるすべり

따라읽기　　　　원문

風そよぐならの小川の夕暮れは
みそぎぞ夏のしるしなりける

かぜそよぐならのをがわのゆふぐれは
みそぎぞなつのしるしなりける

잎이 바람에 나부끼는 나라노오가와의 저녁노을은
가을과 같은데 6월 미소기를 하는 건 여름이기 때문이구나

風(かぜ)そよぐ 바람이 살랑살랑 부는 모양 | **ならの小川(をがわ)** ＊교토 가모와케이카츠지 신사 경내에 흐르는 개울 |
みそぎ 죄나 부정을 씻기 위해 신사에서 행해지는 목욕재계

風そよぐならの小川の夕暮れは

みそぎぞ夏のしるしなりける

かぜそよぐならのをがわのゆふぐれは

みそぎぞなつのしるしなりける

わたの原こぎいでてみれば
ひさかたの雲居にまがふおきつ白波

わたのはらこぎいでてみれば
ひさかたのくもいにまがふおきつしらなみ

넓은 바다로 배 저어 멀리 바라보니
흰 구름인가 하얗게 일렁이는 저 멀리 흰 파도

わたの原(はら) 넓은 바다 | 漕(こ)ぐ (노로 배를) 젓다 | 雲居(くもい) 구름이 기다랗게 끼어 있는 곳 |
まがふ 착각하다 | おきつ 흰 물결 | 白波(しらなみ) 흰 파도

わたの原こぎいでてみれば

ひさかたの雲居にまがふおきつ白波

わたのはらこぎいでてみれば

ひさかたのくもいにまがふおきつしらなみ

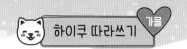

秋の風

物言えば"唇寒し

あきのかぜ"

ものいえば"くちびるさむし

가을 찬바람

말을 하려니 입술이 시리구나

物言(ものい)う 말하다 | 唇(くちびる) 입술 | 寒(さむ)い 춥다 | 秋(あき)の風(かぜ) 가을 바람

物言えば唇寒し

秋の風

ものいえばくちびるさむし

あきのかぜ

原文

秋深き隣は何を
する人ぞ

따라읽기

あきふかきとなりはなにを
するひとぞ

가을이 깊어져 왔다
옆 사람은 무엇을 하고 있을까

深(ふか)い 깊다 | 隣(となり) 옆

원문

秋深き隣は何をする人ぞ

따라읽기

あきふかきとなりはなにをするひとぞ

가을이 깊어져 왔다
옆 사람은 무엇을 하고 있을까

深(ふか)い 깊다 | 隣(となり) 옆

秋深き隣は何を
する人ぞ

あきふかきとなりはなにを
するひとぞ

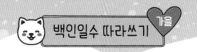
따라읽기　　　원문

さびしさに宿を立ち出でてながむれば
いづこも同じ秋の夕暮れ

さびしさにやどをたちいでてながむれば
いづこもおなじあきのゆうぐれ

어느 곳도 똑같은 쓸쓸한 가을 저녁 노을 이구나

너무도 외로워서 거처를 떠나 주위를 보니

さびしさ 외로움 | 宿(やど) 사는 집 | ながむ 바라보다 | いづこも 어느곳도 |
秋(あき)の夕暮れ(ゆうぐれ) 가을 저녁 노을

さびしさに宿を立ち出でてながむれば

いづこも同じ秋の夕暮れ

さびしさにやどをたちいでてながむれば

いづこもおなじあきのゆうぐれ

원문

白露に風の吹きしく秋の野は
つらぬきとめぬ玉ぞ散りける

따라읽기

しらつゆにかぜのふきしくあきののは
つらぬきとめぬたまぞちりける

이슬에 바람이 끊임없이 불어오는 가을 들판은
마치 꿰어놓지 않은 구슬 흐트러지는 것 같구나

白露(しらつゆ) 이슬 | 吹(ふ)く 불다 | 秋(あき)の野(の) 가을 들판 | 玉(たま) 구슬 | 散(ち)る 흩어지다

白露に風の吹きしく秋の野は

つらぬきとめぬ玉ぞ散りける

しらつゆにかぜのふきしくあきののは

つらぬきとめぬたまぞちりける

원문

夜の雪

さらさらと竹に音あり

따라읽기

よるのゆき

さらさらとたけにおとあり

소리

부드럽게 대나무에 닿는 밤의 눈

さらさら 사각사각 | **竹(たけ)** 대나무 | **夜(よる)の雪(ゆき)** 밤 눈

さらさらと竹に音あり
夜の雪

さらさらとたけにおとあり
よるのゆき

うまさうな雪がふうはり
ふわりかな

うまさうなゆきがふうはり
ふわりかな

하늘을 올려다보니 맛있어보이는 함박눈이

사뿐사뿐 내리고 있구나

うまさうな 맛있어 보이는 | 雪(ゆき) 눈 | ふんわり 사뿐사뿐

うまさうな雪がふうはり

ふわりかな

うまさうなゆきがふうはり

ふわりかな

원문

山里は冬ぞ寂しさまさりける
人目も草もかれぬと思へば

따라읽기

やまざとはふゆぞさびしさまさりける
ひとめもくさもかれぬとおもへば

산골마을 겨울이야말로 더 적적하네
사람 왕래도 없고 풀도 시들어가니

山里(やまざと) 산골 마을 | **寂(さび)しさ** 외로움 | **まさる** 점차로 더해지다 | **草(くさ)** 풀 | **人目(ひとめ)** 사람이 만나러 오는 것 | **かれる** 시들다

山里は冬ぞ寂しさまさりける
人目も草もかれぬと思へば

やまざとはふゆぞさびしさまさりける
ひとめもくさもかれぬとおもへば

田子の浦にうち出でてみれば
白妙の富士のたかねに雪は降りつつ

たごのうらにうちいでてみれば
しろたへのふじのたかねにゆきはふりつつ

다고 해안에 나가 멀리 바라보니
하얗게 솟은 후지산 봉우리에 눈이 계속 내리고 있구나

田子(たご)の浦(うら) 현재 시즈오카현 해안 | うち出(い)でて 나가서 |
富士(ふじ)のたかね 후지산의 높은 봉우리 | 白妙(しろたへ) 흰 천 | 降(ふ)る 내리다

田子の浦にうち出でてみれば

白妙の富士のたかねに雪は降りつつ

たごのうらにうちいでてみれば

しろたへのふじのたかねにゆきはふりつつ

あらゆる失敗は
成功に向かう
第一歩である

모든 실패는 성공으로 향하는 첫걸음이다.

学べば学ぶほど、
自分が何も知らなかった
事に気づく、気づけば
気づくほどまた学びたくなる

배우면 배울수록 자신이 아무것도 모른다는 사실을 알게 된다.
알게 되면 알게 될 수록 또 배우고 싶어진다.

時間の使いちが
最も下手な
者が、まずその
短さについて
苦情をいう

시간을 잘 쓸 줄 모르는 자가 먼저 그 짧음에 대해 불평한다.

何も咲かない
寒い日は
下へ下へと
根を伸ばせ
やがて大きな
花が咲く

아무것도 피지 않는 추운 날은 아래로 아래로 뿌리를 내려라.
이윽고 커다란 꽃이 필 것이다.